DEĞER AKIŞI HARİTALAMA

- **İsimler:** değer akışı haritalama (VSM), malzeme ve bilgi akışı haritalama.

- **Kullanım Alanları:** Bu kağıt tabanlı diyagram tüm üretim ve yönetim süreçlerini içerir ve kullanıcıların mevcut iş akışından bir adım geri giderek verimliliği artırmak için yeniden düzenlemelerine olanak tanır. Süreç iyileştirme analizinde, süreç mühendisliğinde ve sürekli iyileştirmede kullanılır.

- **Neden başarılı?** Bazı endüstri ve danışmanlık hizmetleri sektörlerinde, bu çok kapsamlı haritalama aracı, kullanıcıların müşterinin sipariş verdiği an ile ürün veya hizmeti aldığı an arasında (şirket veya bir birey tarafından) gerçekleştirilen eylemleri görselleştirmesine ve anlamasına olanak tanır.

- **Anahtar kelimeler:**

  - <u>Sürekli iyileştirme</u>: Düzenli olarak küçük iyileştirmeler yaparak bir şirketin performansını artırmak.

  - <u>Kaizen</u>: sürekli iyileştirme yoluyla kalite yönetimine bir yaklaşım.

  - <u>Teslim süresi</u>: bir şeyin üretilmesi veya gerçekleştirilmesi için geçen süre.

  - <u>Yalın yönetim</u>: tüm çalışanları kapsayan ve üretim sürecindeki israfı, verimsizlik kaynaklarını, performans engelleyicileri ve gereksiz aşamaları ortadan kaldırmayı amaçlayan bir yönetim türüdür.

DEĞER AKIŞI HARITALAMA

Atıkları azaltın ve verimliliği en üst düzeye çıkarın

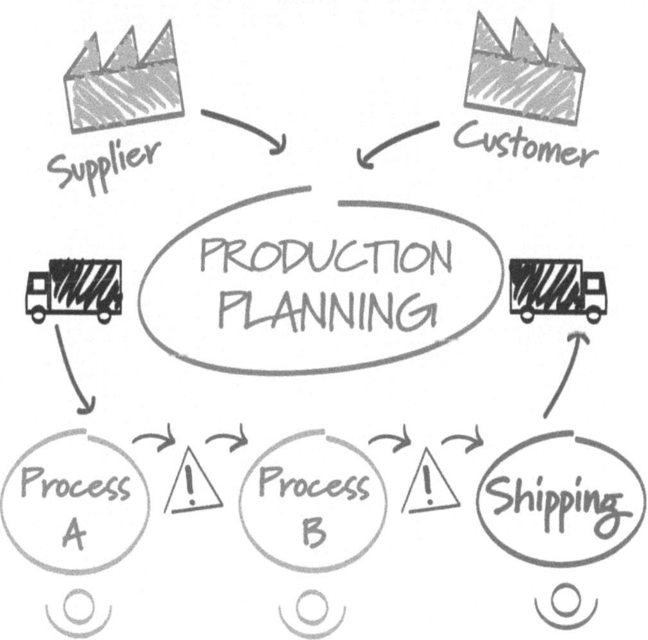

50MINUTES.com

DEĞER AKIŞI HARITALAMA

Atıkları azaltın ve verimliliği en üst düzeye çıkarın

tarafından yazılmıştır Johann Dumser
tarafından çevrildi Baris Şahin

- Yalın düşünce: yeni bir düşünme biçimi sağlamayı amaçlayan bir iş metodolojisi. Bu yönetim türü, kullanıcıları kârı artırmak ve israfı ortadan kaldırarak bireyleri güçlendirmek için insan faaliyetlerinin organizasyonunu analiz etmeye iter.

- Haritalama: bir kuruluşun işleyişinin bir diyagram şeklinde temsil edilmesi.

- Üretim değer zinciri: Bir ürün veya hizmet için üretim sürecinin kronolojik sıraya göre aşamaları.

- Çekme ve itme stratejileri: Bu, müşteriye bir ürün önermek (itme) veya müşteriye istediğini vermek (çekme) anlamına gelir.

Bir şirket ister kriz ister büyüme döneminden geçiyor olsun, ürün akışı ve ilgili iletişim kanalları hakkında her zaman kesin bir fikre sahip olmalıdır. Bu yansıma, verimliliği optimize edebilmek için her bir ürünün tüm üretim sürecini kapsamalıdır.

Yeni kurulanlardan KOBİ'lcre ve çok uluslu şirketlere kadar tüm işletmeler kârlarını en üst düzeye çıkarmayı hedeflediğinden, giderek daha fazla yönetici üretim süreçlerindeki israfın sistematik olarak ortadan kaldırılmasını içeren yalın yaklaşımı benimsemektedir.

Hepimiz kendi şirket düzeyimizde eylemlerin yürütülme şekli üzerinde düşünebiliriz. Her ne kadar kendimizi düzenli olarak sorgulayabilmemiz önemli ve hatta gerekli olsa da, çoğu zaman sorunlara neden olan şeyin bilmediklerimiz değil, yanlış bir şekilde doğru kabul ettiklerimiz olduğunun farkında olmamız gerekir.

Bu mantığı takiben, bazı büyük uluslararası şirketlerde Proje Yönetim Ofisleri olarak bilinen departmanlar hayata geçirilmiştir. Bu birimlerin amacı farklı departmanlarda kullanılan dili standartlaştırmak ve sürekli gelişimi teşvik etmek için projeleri koordine etmektir. Bu birleşik, yapıcı sinerjilerden tek bir metodoloji ortaya çıkmaktadır: her çalışandan, son müşteri için değeri önemli ölçüde artırmak amacıyla başlatılan tüm girişimlerde herkes tarafından paylaşılan net bir dil kullanması istenmektedir.

Rekabetçi kalabilmek için (yani daha yüksek kalite, daha düşük üretim maliyetleri veya daha hızlı bir üretim döngüsü elde etmek için), bir kuruluş mevcut çeşitli teknikler arasından seçim yapacaktır. Bunlardan biri, en başarılı yalın üretim araçlarından biri olan değer akışı haritalamadır, çünkü iyileştirme alanlarını ve fırsatları bilinçli olarak vurgulamak için basit bir diyagram kullanır.

DEĞER AKIŞI HARİTALAMANIN TANIMI

Değer akışı haritalaması, operasyonların, bilgi akışlarının ve veri süreçlerinin bir diyagram şeklinde temsil edilmesini içerir.

Şirket prosedürlerinde belirtildiği gibi değil, sahadaki operasyonlara gerçekçi bir genel bakış sağlar. VSM her zaman bir şirketin süreç analizinin bir parçası olarak gerçekleştirilir. Süreç analizi, verimliliği artırmak için üst yönetim, operasyon müdürü veya kalite müdürü tarafından dayatılabilir veya daha önce tanımlanmamış fırsatları ortaya çıkarmak için hizmet sağlayıcılar (iyileştirme danışmanı gibi) tarafından sunulabilir.

İdeal bir dünyada, iş akışında bir değişikliğin gerekli olup olmadığını anlamak için tüm süreç değişikliklerine bir kontrol, hatta gerekirse bir revizyon eşlik eder.

 TAIICHI OHNO'YA GÖRE ATIK

Toyota Üretim Sisteminin kurucusu olarak kabul edilen Japon mühendis ve işadamı Taiichi Ohno (1912-1990), *Toyota Üretim Sistemi adlı* kitabında yedi israf kaynağı (Japonca *muda*) belirlemiştir: *Büyük Ölçekli Üretimin Ötesinde* (1988) adlı kitabında yedi israf kaynağı (Japonca muda) belirlemiştir. Bunlar o zamandan beri sekiz atık kaynağına genişlemiştir:

Aşırı üretim, yani müşterinin talep ettiğinden daha erken, daha hızlı veya daha büyük miktarlarda üretim yapılması;

Birincil malzeme, boru hattı ürünleri ve mamul mal rezervlerini içeren **envanter**;

Bekleme, üretim döngüsü boyunca insanlar veya parçalar için bekleme süresini ifade eder;

hareket, üretim süreci sırasında insanların veya malzemelerin gereksiz hareketleri anlamına gelir (operatörlerin hareketi);

İnsanların veya malzemelerin üretim süreçleri arasında gereksiz yere taşınması olan **ulaşım** (nesnelerin hareketi);

Süreçteki kusurlu öğeleri, hataları, tekrarları ve düzelt-meleri içeren kusurlu **ürünler yapmak;**

Müşteri tarafından talep edilen seviyenin ötesinde işleme olan **ekstra işleme;**

Kullanılmayan yetenek, esasen personel arasındaki eğitim veya esneklik eksikliği nedeniyle kötü kullanılan veya hiç kullanılmayan becerilere karşılık gelir.

TEORİ

VSM VE DEĞER YARATMA

VSM kavramını anlamak için üç bileşeninin ana hatlarını çizerek başlayabiliriz: değer, akış ve haritalama.

Değer

Değer zinciri 1985 yılında Amerikalı iş stratejisi profesörü Michael Porter (1947 doğumlu) tarafından ortaya atılmıştır ve rekabet avantajı yaratmayı amaçlamaktadır. Bir şirketin iç süreçlerinin ve prosedürlerinin analizine dayanır. Bu şekilde, zincirdeki her eylem, nihai müşteri için değer yaratıldığı (memnuniyet) algısıyla sonuçlanmalı ve bu da şirket için artan ciro olarak görülebilmelidir. "Değer" terimi, müşterilerin bir ürünü elde etmek veya bir hizmeti kullanmak için ödemeye hazır oldukları miktarın bir tahminini ifade ediyorsa, değer akışı haritalamasında temsil edilen eylemler "değer katan" veya "değer katmayan" olarak tanımlanabilir.

- **Değer katan** adımlar, müşterinin gözünde ürünün (pazar veya işlevsel) değer**ini** artıran tüm faaliyetleri, diğer bir deyişle müşterinin bedelini ödemeye hazır olduğu faaliyetleri içerir.

- **Değer katmayan** adımlar, ürüne herhangi bir değer katmayan faaliyetlerdir, bu da onları atık kaynağı haline getirir. Tüm yöneticiler bu adımlardan kurtulmayı hedeflese de, bazılarından kaçınmak (büyük yatırımlar yapmadan) mümkün değildir.

VSM'nin amacı, iş için ayrılan toplam süreye (teslim süresi) kıyasla değer yaratmaya çok az zaman harcanan süreçleri belirlemektir. Değer yaratma oranını artırmak için sürece bir bütün olarak uygulanacak iyileştirmelerin tanımlanması gerekir.

Akış

VSM, bir ürün veya hizmetin tedarik zincirindeki tüm eylemleri özetleyerek onu ilk durumundan (A) değer önerisine (B) götürür. Sürecin (A-B) başlatılması ve yürütülmesi arasındaki süre anlamına gelen teslim süresine karşılık gelen bir zaman çizelgesine dayalı olarak belirlenen bir dizi süreçten oluşur.

VSM'de üç süreç kategorisi incelenebilir:

- **yönlendirici süreçler** (yönetim, strateji, kalite kontrol, çevre, güvenlik, finans vb;)

- **operasyonel süreçler** (üretim, tasarım, geliştirme, sevkiyat vb.);

- **destek süreçleri** (satın alma, insan kaynakları vb.).

Haritalama

Haritalama, bir işletmenin işleyişini (bir ürünün üretiminde veya bir hizmetin geliştirilmesinde) görsel olarak temsil etmenin açık ve basit bir yoludur. Bu araç, sadece izole bir parça üzerinde çalışmak yerine bir bütün üzerinde çalışmayı amaçlar. Bu da analizin bir üretim hattındaki makine seviyesine değil, bir bütün olarak üretim hattı seviyesine odaklandığı anlamına gelir.

Harita her zaman simgeler kullanılarak sıralanmalı ve ilgili herkes tarafından anlaşılabilir olması için verilen standartlara uymalıdır. Üç ana eylem türüne göre düzenlenmiştir:

- bilgi akışı,

- malzeme akışı,

- Rakamlar.

 ## NEREDEN BAŞLAYACAĞIM?

Yöntem aşağıdaki adımları içerir:

Müşteriden (bir ihtiyaçtan) başlayıp tedarikçiye kadar devam eden bir ürünün üretim sürecini takip etmek;

Malzeme ve bilgi akışındaki her bir eylemi görsel olarak temsil eder;

kilit noktalar üzerinde düşünmek ve gelecekteki değer zincirini çizmek.

VSM VE AVANTAJLARI

VSM'yi araç olarak kullanmanın çeşitli avantajları vardır:

- tüm sürece ilişkin basit, kesitsel bir genel bakış sunar;

- iki akış türünü (bilgi ve malzeme) görsel olarak anlamak için gereken tüm bilgileri içerir;

- Atık belirtilerini ve nedenlerini tanımlar;

- Standartlaştırılmış simgeler ve kurallar sayesinde süreci tartışmak için kullanılan dili koordine eder, bu da ekip çalışmasını kolaylaştırır (analiz, iyileştirme alanlarının belirlenmesi, fikirlerin ortaya konması vb.)

Daha geniş anlamda, değer akışı haritalaması, değer yaratma ve sorun çözmenin gösterilmesini destekler. Bir şirketin farklı departmanları arasında verimli, tutarlı ve kesitsel bir diyalog kurar ve bir mükemmellik kültürünün geliştirilmesini teşvik eder.

PRATİK UYGULAMA

EN İYİ UYGULAMALAR – ADIMLAR

VSM, DMAIC (Tanımla, Ölç, Analiz Et, İyileştir, Kontrol Et) yaklaşımının bir parçasıdır, çünkü bir harita hazırlamak kendi başına bir amaç değildir: bir değer zincirinin klasik iyileştirme çalışmasının yalnızca ilk aşamasıdır.

Adım 1: Ürün ailesinin tanımı

Değer akışı haritalaması yapmadan önce, analiz edilecek bir ürün ailesi seçmeniz gerekir. Yaklaşımınızın başarı şansı bu seçime bağlı olduğundan, buna çok dikkat etmelisiniz.

Bir çalışma alanını durdurmak için, olası mevcut sorunların ve bunların etkilerinin farkında olmanız gerekir. Örneğin, bir Pareto çizelgesi (bir olgunun farklı nedenlerinin önemini gösteren bir çizelge; buradaki amaç VSM'yi yürütmek için bir çalışma alanı belirlemektir) kullanabilir veya farklı departmanların yöneticilerine (üretim müdürü veya direktör gibi) sorabilirsiniz. Kendinize sormanız gereken ana sorular şunlardır:

- Bu ürün ailesi ne kadar ciroyu temsil ediyor?

- Bu ürünlerin neden olduğu kayıplar nelerdir?

- Değer akışı haritalamanın başarı şansı nedir? (Çok zor veya çok basit bir alan seçmeyin; şirketinizdeki tüm üretimin analizini veya tersine, aşırı basit tek bir departmanın analizini ele almayın).

• Üretim stratejisi nedir?

 **N.B.**

Sizden çok az gelir getiren bir ürün ailesinin süreçlerini incelemeniz istenirse şaşırmayın. Ağır kayıplardan sorumluysa bu akıllıca bir hamle olabilir.

Adım 2: Mevcut durum VSM'sinin oluşturulması

Bir ürün ailesinin değer zinciri haritasının yeni ve geliştirilmiş bir versiyonunu oluşturmak için yapmanız gereken ilk şey, mevcut durum hakkında kesin bir fikir edinmek ve bunu haritalamaktır. Şu anda işler nasıl yürüyor? Kim ne yapıyor? Ne kadar zaman alıyor? Farklı hizmetler birbirleriyle nasıl iletişim kuruyor? Zincirdeki her bir pozisyonun sorumlulukları ve spesifik özellikleri nelerdir? Haritanın hazırlanmasındaki farklı aşamalar aşağıda ayrıntılı olarak ele alınmaktadır. Buradaki amaç, malzeme ve bilgi akışlarının envanterini çıkarmak, atölye veya departmanın mevcut işleyişini anlamaya çalışmak, teslim süresini hesaplamak ve israfın kaynaklarını ve nedenlerini anlamaktır.

• **Sıfırıncı aşama: hazırlık**

  o Fabrika veya servisin faaliyetlerini gözlemleyerek başlayın.

- Bu VSM'yi isteyen kişi adına kesin, güncel bilgiler toplayın. Gerekirse, hammadde ve bilgi çemberinin etrafında dolaşarak bir zamanlayıcı yardımıyla zeminde ölçümler yapın.

- Seyahat programınıza müşteriden başlayın ve üretim süreci boyunca geriye doğru ilerleyin. Nihai müşteriyle en yakından bağlantılı olan süreçlerin bir listesini yaparak onlar için neyin kesinlikle yararlı olduğunu belirleyin.

- A3 veya A4 kağıdın tek bir yüzüne elle bir taslak çizin.

- **İlk aşama: müşteri**

  - Sağ üst köşeye "müşteri" yazın.

- **İkinci aşama: üretim süreci**

  - "İşlem" simgesini (işlem gören malzeme) kullanın ve:

    - Tek bir işleme ait pozisyonları aynı simge altında gruplandırır;

    - Süreçle ilgili önemli bilgileri aşağıdaki kutuya ekleyin (döngü süresi, değer katma süresi, zaman periyodu, üretim değişim süresi, saat başına her bir parça sayısı, mevcut çalışma süresi vb. gibi).

  - "Stok" simgesini kullanın.

- **Üçüncü aşama: tedarikçi**

  - Sol üst köşeye "tedarikçi" yazın.

- Teslimat sıklığını ve şeklini belirtiniz (tedarikçinin yanında bilgi olarak):

    ‣ büyük bir ok iki fabrika arasındaki birincil teslimatı gösterir;

    ‣ bir kamyon (veya bir tekne, bir uçak vb.) teslimat şeklini gösterir.

- **Dördüncü aşama: bilgilendirme**

  - Fiziksel bilgi akışları için düz bir çizgi (örneğin posta yoluyla) veya elektronik bilgi akışları için zikzak bir çizgi çizin.

  - Yandaki kutuda frekansı (gönderme veya iletim) belirtin.

  - Modu belirtin (internet, kağıt vb.):

    ‣ Aşağı akıştaki süreç için ihtiyaç tahminine dayanan itme modu, genellikle süreçler arasında ara stoklara neden olur;

    ‣ Aşağı akış sürecinden yukarı akış sürecine doğru bir üretim talebini temsil eden çekme modu, üretimdeki kalem sayısını azaltır.

- **Beşinci aşama: zaman çizelgesi**

  - Teslim süresini hesaplamak için üretim süreci kutularının ve stok simgelerinin altına çizgi çizin, yani her aşama için geçen tüm süreyi (işlem süresine karşılık gelir) ve depolama süresini hesaplayın.

- **Altıncı aşama: değer zincirinin haritalanması tamamlandı**

- ○ Mevcut durumun haritası tamamlandıktan sonra, hedeflediğiniz gelecekteki durumun VSM'sini oluşturmak için israf alanlarını analiz etmeye ve gözlemlemeye ve olası iyileştirmelerin ana hatlarını belirlemeye başlayın.

Adım 3: Analiz

Bu aşamayı tamamladıktan sonra yapmanız gereken bir sonraki şey, neyin verimli çalıştığını ve neyin o kadar iyi çalışmadığını belirlemek için malzeme ve bilgi akışlarını ayrıntılı olarak analiz etmek ve gözlemlemektir. Bu aşama, israfı ve iyileştirme alanlarını belirlemenize olanak tanıdığı için özellikle çok önemlidir. Doğru kişileri sürece dahil ettiğinizden emin olun: ister hizmet müdürleri, ister sürece katılanlar, ister geçişi denetleyecek proje yöneticileri olsunlar, iyileştirmelere ve değişime açık olmalıdırlar.

VSM'de işleri yer alan kişileri aceleye getirmekten kaçınmak için bu alıştırma iyi hazırlanmalı ve iyi sunulmalıdır. Buradaki amaç onlara işlerini daha karlı hale getirmenin ve ister iç ister dış müşteri olsun, müşteri için daha fazla değer yaratmanın mümkün olduğunu göstermektir. Genel bir kural olarak, aşağıdaki ana iyileştirme faktörlerini dikkate almanın nihai sonuç üzerinde bir etkisi olacaktır:

- tam zamanında üretim;

- Stokları azaltmak ve hatta ortadan kaldırmak amacıyla mümkün olan her yerde sürekli bir akışın genel olarak uygulanması veya süpermarketlerin (Kanban partileri tarafından yönetilen ara stoklar) eklenmesi;

- Müşteri siparişine ilişkin tüm bilgilerin, diğer süreçleri yönlendiren tek bir süreçte ("kalp pili süreci" olarak bilinir) gruplandırılması.

Adım 4: İdeal durum VSM'sinin oluşturulması

Gözlemleriniz ve planladığınız önlemlerle donanmış olan bu adım, daha önce belirlenen iyileştirme fırsatlarını detaylandıran bir harita çizmenizi sağlayacaktır. İdeal durum VSM'sinin nihai amacı, değer katmayan zamanı azaltarak toplam zamanın değer katan zamana mümkün olduğunca yakın olmasını sağlamaktır. Genel olarak, mevcut durum ve ideal durum VSM'sinin hazırlanması yaklaşık üç ila beş iş günü sürer.

Adım 5: Eylem planının tanımlanması

Her bir değişiklik için, projeden sorumlu ekip bir eylem planı düzenleyecektir. Üst yönetimi öngörülen eylemler konusunda ikna etmek ve bunların onaylanmasını sağlamak için ilgili faydaları ve çözümleri (maliyetler/kaynaklar) ölçmek önemli olacaktır. Bir eylem planının uygulanması birkaç ay, hatta birkaç yıl sürebilir.

Adım 6: Uygulama

Bütçe onaylandıktan, risk yönetimi yapıldıktan ve organizasyon durdurulduktan sonra sıra planı uygulamaya koymaya gelir. Bu, geliştirme, kabul, çalışan eğitimi ve değişim yönetimini içerir.

TAVSİYELER

Özellikle dikkat edilmesi gereken iki önemli alan vardır: ekibin organizasyonu ve metodoloji.

VSM yeterince anlaşılmamışsa, zaman kaybına yol açacaktır.

ÖRNEK OLAY İNCELEMESİ

Mobilya üreten Forest LPC adlı hayali şirketin mevcut durum VSM'sine odaklanacağız. Bu alıştırma için incelediğimiz ürün ailesi taburelerdir.

İlk aşama: müşteri

- Müşteri sağ üst köşeye yerleştirilir.

İkinci aşama: Üretim süreci

- Bu aşama dört süreçten oluşur: boyama, montaj, paketleme ve sevkiyat.

- Her sürecin yanında iş istasyonları ve önemli bilgiler (döngü süresi, değişim süresi veya başka bir ürün üretmek için bir makinede yapılan değişiklikler, vardiyalar vb.)

- Her aşamadaki ara stoklar da doldurulur.

Üçüncü aşama: Tedarikçi

- Tedarikçi sol üst köşede belirtilmiştir.

- Haftalık teslimat kamyonla gerçekleştirilir.

Dördüncü aşama: Bilgi

- Haftalık talep tahminleri müşteri tarafından şirkete e-posta yoluyla gönderilir.

- Siparişler tedarikçiye faks yoluyla iletilir.

- Şirket içindeki her dahili pozisyona haftalık bir program verilir.

- Bilgi ve fiziksel (veya maddi) akışlar daha sonra net bir şekilde temsil edilir.

Beşinci aşama: Zaman çizelgesi

- Üretim süreci kutularının ve stok simgelerinin altına bir zaman çizelgesi eklenir.

- Süreç 19 günlük bir teslim süresine ve 365 saniyelik bir işlem süresine sahiptir.

Altıncı aşama: VSM tamamlandı

Dolayısıyla mevcut durumun haritalandırılması tamamlanmıştır. Şimdi analiz etme, israf alanlarını gözlemleme ve olası iyileştirmeleri belirleme zamanı. Aşağıdaki iyileştirme kaynaklarını diyagrama dahil ederek listeleyebiliriz, bu da hedef durumun haritasını hazırlamamızı sağlayacaktır:

- Planlamanın tahminler yerine haftalık müşteri siparişlerine dayandırılması;

- Üretim planlaması için bir çekme sistemi oluşturmak;

- boyamaya başlamadan hemen önce bir süpermarket oluşturmak;

- reddedilmelerini ortadan kaldırmak;

- paketleme ve nakliye süreçlerinin birleştirilmesi.

ETKİ

SINIRLAMALAR VE ELEŞTİRİLER

Değer akışı haritalamanın birçok avantajının yanı sıra bazı sınırlamaları da vardır.

- **Haritayı çizerken olası hatalar.**

  - Verilerin yanlış toplanması, yazıya dökülmesi veya analiz edilmesi nedeniyle hatalar ortaya çıkabilir. Bunu önlemek için duruma objektif bakabilen uzmanlar ve çok disiplinli ekipler kullanın.

  - Neyi analiz ettiğinize her zaman dikkat edin, çünkü bazı süreçlerin revize edilmesine gerek yoktur.

- **Bu sadece bir araçtır.** Değer akışı haritalaması kendi başına bir amaç değildir; şirketteki sorunları ortaya çıkarır, kullanıcıların düşünmelerine yardımcı olur ve her şeyden önce eyleme geçmelerini sağlamalıdır.

  Bir eylem planı oluşturmadıktan sonra analiz yapmanın bir anlamı yoktur! Analiz aşamasında tıkanıp kalmadığınızdan emin olun. Ayrıca, farklı gruplar yalın projeler üzerinde çalışıyorsa, tüm projelerden en iyi şekilde yararlanmak için onları iyi koordine etmeye özen göstermelisiniz.

- **İnsani ve sosyal yönlerin ihmal edilmesi.** VSM sadece fiziksel yönler, etkileşimler ve akışların yönlendirilmesi ile ilgilenen teknik bir araçtır. Yalın bir projede yine de çok önemli olan sosyal, insani ve organizasyonel boyutları içermez. Bu eğilim, yöneticilerin işlerin teknik yönüne odaklandığı ancak insani meseleler hakkında düşünmeye daha az eğilimli olduğu sanayi sektöründe daha da belirgindir.

- **Standartlaştırılmış sembollerin kısıtlayıcı kullanımı.** Mevcut semboller yenilikçi çözüm arayışlarını engelleyebilmektedir. Ancak, rekabetçi kalmaya çalışan şirketler için inovasyon giderek daha gerekli hale gelmektedir.

İLGİLİ MODELLER VE UZANTILAR

DMAIC

DMAIC (Tanımla, Ölç, Analiz Et, İyileştir, Kontrol Et) modeli, kullanıcıların sorunları çözmesine olanak tanıyan yapılandırılmış bir yaklaşımdır. Sürekli iyileştirme ekibine, üzerinde çalışabilecekleri beş adımlı bir temel sağlar. Bu güçlü yalın proje yönetimi yönteminde, tanımlama aşaması kilit öneme sahiptir.

- Tanımlama: çalışma nesnesinin tanımlanması ve ekip tarafından yürütülecek çalışmanın amacının açıklanması.

- Ölçüm: süreçlerin haritasını tamamlamak için bilgi toplanması ve projeyi etkin bir şekilde izlemek için performans göstergelerinin tanımlanması.

- Analiz: sorunların nedenlerinin belirlenmesi ve kaynaklarının analizi.

- İyileştirme: çözüm önerileri, eylemlerin planlanması, seçilen önlemlerin uygulanması.

- Kontrol: çözümlerin uygulanmasından sonra beklenen etkilerin ve elde edilen sonuçların karşılaştırılması, proje hakkında iletişim, sonuç çıkarmak için inceleme.

Yalın üretim

İsrafı ortadan kaldırmaya yönelik bu iyi bilinen yöntem, ikna edici sonuçlar için biraz kolektif zeka gerektirir: bu yalın proje üzerinde çalışan ekipler motive, koordineli ve çözüm bulmaya kararlı olmalıdır. Beş temel unsur şunlardır:

- Müşterinin bakış açısından katma değerin tanımı;

- Üretimin farklı aşamalarına ilişkin değer zincirinin tanımlanması;

- akışlara özellikle dikkat ederek, değer katan aşamaların durdurulmadığından emin olun;

- Tahminler yerine müşteri siparişlerine öncelik vererek akışları çekin;

- İddialı hedefler belirleyerek ve sürekli iyileştirme dinamiği getirerek mükemmellik.

Kaizen

Kaizen, Japonca'da "sürekli iyileştirme" anlamına gelir ve sürece dahil olan tüm insanların katılımı ve gerekli çabayı göstermesiyle günlük olarak yapılan küçük iyileştirmelere dayanır.

Kaizen yavaş bir şekilde uygulandığı için hemen çarpıcı sonuçlara yol açmaz, ancak genellikle uzun vadede çok daha etkili olduğu kanıtlanır. Büyük yatırımlar gerektiren ve ani değişimler içeren inovasyon ile karşılaştırılabilir.

SIPOC

Bu modelleme aracı, belirli bir sürecin makro işleyişinin genel bir tablosunun çizilmesini içerir. SIPOC (Tedarikçiler, Girdiler, Süreç, Çıktılar, Müşteriler) diyagramı kullanıcıların makro sürecin sınırlarını tanımlamasına, girdileri ve çıktıları özetlemesine ve tedarikçileri ve müşterileri tanımlamasına olanak tanır. Ancak dikkat edin: sadece malzeme akışlarını temsil eder.

ÖZET

- VSM, yalın üretimin temel aracıdır. Belirli bir ürün ailesi için değer zincirindeki israf kaynaklarını tespit etmeyi amaçlar.

- Günümüzde VSM, üretim maliyetlerini azaltmaya yönelik evrensel ve artan ihtiyaca cevap verdiği için endüstrinin her alanında kullanılmaktadır.

- Yalın dönüşüme değer akışı haritalaması ile başlamak iyi bir fikirdir. Bir şirketi oluşturan prosedürlere net bir genel bakış sağlamak için yalnızca farklı aşamaları değil, aynı zamanda en iyi uygulamaları da bilmeniz gerekir.

- Mevcut durum ve ideal durum VSM'si sürekli iyileştirme yönteminin bir parçasıdır. Bu yöntem sadece mevcut durumu tanımlamak için değil, aynı zamanda daha verimli, daha duyarlı, daha az maliyetli ve daha koordineli bir gelecek durumu hayal etmek ve oluşturmak için de kullanılır. Bilgi ve malzeme akışları diyagramı, kullanıcıların aynı anda iki konuyu ele almasına olanak tanır: atık azaltma ve çalışma koşullarının iyileştirilmesi.

- Projenin başarısını sağlamak için kuruluşun proje etrafındaki bağlamı çok önemlidir. Mümkün olduğunca sahaya yakın kişileri içeren çok disiplinli ekipler ve üst yönetimin kesin kararlılığı, bu değişim yaklaşımında kilit faktörlerdir.

- Son olarak, bu yöntemin sınırlamalarının farkında olmak da önemlidir. Özellikle, VSM sosyal, psikolojik ve örgütsel yönlerin analizine odaklanmamaktadır.

- VSM, kullanım kolaylığı ve kullanıcıları düşünmeye sevk etmedeki etkinliği sayesinde en yaygın kullanılan yöntemlerden biridir.

DAHA FAZLA OKUMA

KAYNAKÇA

Davis, J. (2006) *Yalın Üretim*. New York: Endüstriyel Basın.

Fouque, F. (2009) *À la découverte du Lean Six Sigma*. Mions: Édition Fouque.

Hohmann, C. (2009) *Techniques de productivité. Yöneticiler ve çalışanlar için performans puanı kazanma yolları*. Paris: Éditions Eyrolles.

Hohmann, C. (Tarih yok) Lean Enterprise. *Christian.Hohmann. fr*. [Çevrimiçi]. [Erişim tarihi 26 Temmuz 2017]. Erişim adresi: < http://christian.hohmann.free.fr/index.php/lean-entreprise>

Yalın Girişim Enstitüsü. (Tarih yok) Yalın nedir? *Lean.org*. [Çevrimiçi]. [Erişim tarihi 26 Temmuz 2017]. Erişim adresi: < https://www.lean.org/whatslean/>

Ohno, T. (1988) *Toyota Üretim Sistemi: Büyük Ölçekli Üretimin Ötesinde*. New York: Productivity Press.

Porter, M. E. (1985) *Rekabet Avantajı: Üstün Performans Yaratmak ve Sürdürmek*. New York: Free Press.

Rother, M. ve Shook, J. (1999) *Görmeyi Öğrenmek*. New York: Productivity Press.

Subramaniam, A. (2010) VSM - Mevcut ve Gelecek: Genel akış nasıl en üst düzeye çıkarılır? *SlideShare*. [Çevrimiçi]. [Erişim tarihi 26 Temmuz 2017]. Erişim adresi: < https://fr.slideshare.net/anandsubramaniam/vsm-current-future>

Womack, J. P. ve Jones, J. T. (1996) *Lean Thinking*. New York: Free Press.

EK KAYNAKLAR

Conceptdraw web sitesi: http://conceptdraw.com/samples/quality-VSM

Marris Consulting web sitesi: http://www.marris-consulting.com/

Strategos web sitesi: http://www.strategosinc.com/

VİDEO

Karen Martin Grubu. (2014) *Değer Akışı Haritalama: Vaka Çalışmaları*. [Çevrimiçi]. [Erişim tarihi: 26 Temmuz 2017]. Erişim adresi: < https://www.youtube.com/watch?v=ZPNq5k24vgY&feature=youtu.be>

50MINUTES.com

IMPROVE YOUR
GENERAL KNOWLEDGE
IN THE BLINK OF AN EYE!

www.50minutes.com

Ana ISBN: 9782808600552
Kağıt ISBN: 9782808602006
Yasal depozito: D/2022/12603/201

Dijital tasarım: Primento,
yayıncıların dijital ortağı.